Inhalt

Offene Lehrstellen

Kernthesen

Beitrag

Fallbeispiele

Weiterführende Literatur

Impressum

GENIOS WirtschaftsWissen Nr. 11/2002 vom 11.11.2002

Offene Lehrstellen

M.Reiner

Kernthesen

- Zum ersten Mal nach sieben Jahren ist im Jahr 2002 die Zahl der angebotenen Lehrstellen zurückgegangen. (1), (2)
- Trotz der anhaltend hohen Nachfrage nach Ausbildungsplätzen haben Unternehmen Schwierigkeiten, ihre Lehrstellen mit qualifiziertem Nachwuchs zu besetzen. (2), (14)
- Da in einigen Jahren ein deutlich höherer Mangel an Auszubildenden zu verzeichnen sein wird, sollten Unternehmer langfristig planen und bereits heute für qualifizierten Nachwuchs sorgen. (3), (5)

Beitrag

Missstände auf dem deutschen Ausbildungsmarkt: Zum ersten Mal seit sieben Jahren ist im Jahr 2002 die Anzahl der Ausbildungsplätze in Industrie, Handel und Dienstleistungen zurückgegangen. Zugleich können viele Lehrbetriebe trotz der hohen Nachfrage nach Ausbildungsplätzen keinen qualifizierten Nachwuchs für ihre Lehrstellen finden.

Ausbildungsmarkt

Bis zum 1. September 2002 schlossen deutsche Betriebe insgesamt 244.555 Lehrverträge ab. Das sind über 7 Prozent weniger als im Vorjahr. In den neuen Bundesländern sank die Zahl um 3,7 Prozent auf 44.575 Verträge. In den alten Bundesländern wurde ein Minus von 8,1 Prozent verzeichnet. Das entspricht 199.980 Ausbildungsverträgen. (1)

Ende Juli waren trotz 209.000 gesuchter Lehrstellen 96.000 Ausbildungsplätze noch nicht besetzt. Bis Ende August waren in Hamburg 508 Unternehmen noch auf der Suche nach Nachwuchs. In Niedersachsen und Bremen waren allein im Handwerk noch 2.411 Ausbildungsplätze offen. In Baden-Württemberg sind insgesamt 5 Prozent der Stellen unbesetzt geblieben. (2), (5), (7), (12), (14)

Ursachen für das Ungleichgewicht auf dem Lehrstellenmarkt

Gründe für den Rückgang offener Lehrstellen sehen Experten vor allem in der schwierigen konjunkturellen Lage. Betriebe wollen die Kosten einsparen, die ihnen durch Auszubildende entstehen würden. Dabei betragen nach Schätzungen die Kosten für Auszubildende weniger als 3 Prozent der gesamten Personalkosten. (1), (2)

Eine weitere Ursache für das sinkende Lehrstellenangebot sind die hohen Tarifvereinbarungen. Unternehmer fordern flexiblere Anpassungsmöglichkeiten für die Ausbildungsordnungen. Außerdem wollen sie mehr Berufsbilder, die weniger theorielastig sind und somit den praktisch begabten Lehrlingen Ausbildungsmöglichkeiten bieten. Nicht zuletzt wird beanstandet, dass die Lehrlinge zu viel Zeit in der Schule verbringen und zu wenig im Betrieb. (1), (3), (5)

Unternehmer, die ihre Lehrstellen nicht besetzen können, nennen als Gründe vor allem die mangelnde Ausbildung der Bewerber. Auffällig sind die Defizite in Grundkenntnissen wie Rechtschreibung, Lesen oder Mathematik. Personalverantwortliche bemängeln jedoch auch eine fehlende soziale

Kompetenz der Jugendlichen. (4), (5), (6)

Maßnahmen zur Lehrstellenbesetzung

Es gibt zahlreiche Möglichkeiten, mit denen Unternehmer auf kreative Weise potentielle Lehrlinge ansprechen und rekrutieren können.

So ist es beispielsweise sinnvoll, wenn Betriebe den Jugendlichen über Praktika Einblicke in den angestrebten Beruf ermöglichen. Damit kann Vorurteilen, die das jeweilige Berufsfeld betreffen, vorgebeugt werden. Gleichzeitig können Unternehmer auf diese Weise verhindern, dass sich die jungen Leute falsche Vorstellungen von ihrer gewünschten Ausbildung machen und diese vorzeitig abbrechen.

Um potentielle Bewerber aus dem weiten Umland zu erreichen ist es ratsam, offene Ausbildungsstellen auch auf der Firmenhomepage oder im Internet anzubieten. (12) Im näheren Umfeld besteht z. B. zusätzlich die Möglichkeit, über Schulen direkten Kontakt zu den Schulabgängern aufzunehmen und so Berührungsängste der Schüler mit dem Unternehmen abzubauen. (7)

In Frankfurt können sich Unternehmen, die ausbilden möchten, aber Teile der Ausbildung selbst nicht vermitteln können, mit anderen Firmen zusammenzuschließen und ihre Lehrlinge austauschen. So wird der Teil der Ausbildung, der dem Auszubildenden im eigenen Betrieb fehlen würde, vom Partnerbetrieb übernommen. Alternativ kann der Lehrling die fehlenden Lerninhalte auch im Zentrum für Weiterbildung nachholen. Das Unternehmen erhält dabei formelle und finanzielle Hilfe. (11)

Offene Lehrstellen können auch Teilzeit besetzt werden. Gerade im kaufmännischen Bereich ist die Anfrage alleinerziehender Mütter ohne Berufsausbildung sehr hoch. (13)

Unternehmer sollten flexibel auf Änderungen im Schulsystem reagieren. Bei einer Verkürzung des dreizehnten Schuljahres beispielsweise ist es sinnvoll, den Ausbildungsbeginn vorzuziehen. Damit können Abiturienten gewonnen werden, die ansonsten einige Monate auf den Start ihrer Ausbildung warten würden. (9)

Ausblick

Bereits in einigen Jahren befürchten Experten wegen einer deutlich geringeren Anzahl an Schulabgängern einen extrem hohen Mangel an qualifizierten Nachwuchskräften. Um künftig den Bedarf an Fachkräften zu decken, sollten Unternehmer eine mittel- und langfristige Personalpolitik führen. (3), (5), (14)

Fallbeispiele

Um dem Defizit an qualifiziertem Nachwuchs entgegenzuwirken, hat die chemische Industrie in Hamburg und Schleswig-Holstein zu 300 Realschulen und Gymnasien Kontakt aufgenommen. Zusammen mit Lehrern, Schülern und Unternehmen sollen Strategien zur Verbesserung des Chemieunterrichts erarbeitet werden. Informationen über das Internet sollen Schülern helfen, Berührungsängste abzubauen und den Austausch zwischen Unternehmen und Schülern fördern. Lehrer können bei den Unternehmen Materialen für eine verbesserte Unterrichtsgestaltung beziehen. Für das Projekt wurden Mittel in Höhe von 2,8 Millionen Euro zur Verfügung gestellt. (7)

Für das Jahr 2003 werden noch Unternehmen gesucht, die bereit sind, in Teilzeit auszubilden. Es handelt sich hier um ein Projekt des Main-Taunus-Kreis und der Selbsthilfe im Taunus (SiT), die alleinerziehenden Müttern ohne Berufsausbildung zu einer Lehrstelle verhelfen wollen. (13)

In der Schweiz hat sich das Lehrstellenangebot seit einigen Jahren auf hohem Niveau stabilisiert. Zahlreiche Unternehmen wie die Post oder Swisscom haben erkannt, dass sie mit einer Übernahme von Lehrlingen nach der Ausbildung hohe Rekrutierungs- und Einarbeitungskosten sparen und so einen Teil der Ausbildungskosten decken können. (8)

Zur Nachwuchsförderung von Auszubildenden und Meisterlehrlingen hat der Verein zur Förderung der Berufsausbildung des Brauer- und Mälzernachwuchses 1,9 Millionen Euro in die Modernisierung eines eigenen Internats investiert. Durch die kostengünstige Unterbringung der Lehrlinge haben auch Interessenten aus dem Umland die Möglichkeit, eine Ausbildung in einer der Brauereien aufzunehmen. Zur Motivation für gute Leistungen werden dem prüfungsbesten Azubi als Förderpreis 40 Prozent der Pensionskosten erstattet.

Um das Unternehmen zu entlasten, hat die Firma Novartis einen Teil ihrer Lehrlingsausbildung ausgegliedert. Auszubildende vollziehen ihre Grundausbildung bei dem eigens dafür gegründeten Verein Aprentas, dem mittlerweile über 20 Firmen angehören. Dort wird ihnen beispielsweise anhand von Rollenspielen und virtuellen Unternehmen fachliches Wissen beigebracht. In den Lehrfirmen selbst absolvieren die Azubis schließlich ihre Praktika. (8)

Mangelnde Motivation und falsche Berufsvorstellungen sind die Hauptgründe, weshalb Lehrlinge ihre Ausbildung abbrechen. Damit sich die Lehrlinge bereits vor dem Ausbildungsbeginn ein Bild von dem angestrebten Beruf machen können, sollten Unternehmen, Schulen und Berufskollegs zusammenarbeiten. In Köln beispielsweise erhalten die Schüler einer Hauptschule die Möglichkeit, Betriebspraktika zu machen und dabei auch einen Blick in die Berufsschule zu werfen.

Mit Hilfe des Zentrums für Weiterbildung haben in Frankfurt auch Unternehmen, die nicht als Ausbildungsbetrieb anerkannt sind, die Möglichkeit, Lehrlinge einzustellen. Neben der Ausbildung im Betrieb und in der Berufsschule werden den Lehrlingen die Inhalte durch Kurse im Weiterbildungszentrum vermittelt. Außerdem können sich mehrere Unternehmen zusammenschließen, um so die Ausbildungsanteile zu garantieren, die ein

Betrieb alleine nicht vermitteln kann. Die Kosten beim Verbundpartner zahlt die Stadt. (11)

Um offenen Lehrstellen zu besetzen, bietet der Verband der Metall- und Elektro-Unternehmen in Hessen Interessenten die Möglichkeit, ihre Bewerbungen online zu erstellen und zu hinterlegen. Die Bewerbungen können entweder direkt verschickt oder den Firmen zur Recherche bereitgestellt werden.

Weiterführende Literatur

(1) DIHK: Schlechteste Lehrstellen-Bilanz seit sieben Jahren - Auslöser ist die schwierige konjunkturelle Lage Die Zahl der Ausbildungsverträge sinkt aus Die Welt, Jg. 52, 06.09.2002, Nr. 208, S. 10

(2) Mehr als 100.000 Lehrstellen fehlen. DGB: Ausbildungslage ist ein Desaster / Hundt nennt Schröders Kritik an Arbeitgebern abwegig, Frankfurter Allgemeine Zeitung Nr. 182 vom 08.08.2002, Seite 11
aus Die Welt, Jg. 52, 06.09.2002, Nr. 208, S. 10

(3) Bury, Mathias, Betriebe blicken immer pessimistischer in die Zukunft. IHK-Hauptgeschäftsführer Andreas Richter: Schlechte Konjunkturaussichten sind die Ursache des Lehrstellenrückgangs, Stuttgarter Zeitung vom

06.08.2002, Seite 19
aus Die Welt, Jg. 52, 06.09.2002, Nr. 208, S. 10

(4) Defizite, Stuttgarter Zeitung vom 21.09.2002, Seite 3
aus Die Welt, Jg. 52, 06.09.2002, Nr. 208, S. 10

(5) Langer, Bettina, Betriebe in Baden-Württemberg bieten weniger Lehrstellen an. Rückgang um fünf Prozent gegenüber dem Vorjahr IHK fordert neue, stärker praxisorientierte Ausbildungsberufe, Stuttgarter Zeitung vom 28.09.2002, Seite 14
aus Die Welt, Jg. 52, 06.09.2002, Nr. 208, S. 10

(6) Wirtschaft fordert Pisa für Berufsschulen Gewünschte Aufwertung bedingt mehr Lehrer und Sachmittel / Sorge um Fachkräftenachwuchs für die Betriebe
aus Frankfurter Rundschau v. 15.08.2002, S.31, Ausgabe: R Region

(7) Bewerber unqualifiziert - Viele Lehrstellen unbesetzt - Chemie-Arbeitgeber starten Bildungsinitiative im Norden Unternehmen suchen verzweifelt Nachwuchs
aus Die Welt, Jg. 52, 26.09.2002, Nr. 225, S. 37

(8) Vom Lohn der Lehrlingsausbildung Was Lehrlinge kosten und welchen Nutzen sie bringen
aus Neue Zürcher Zeitung, 11.09.2002, Nr. 210, S. 69

(9) Sparkasse Rhein-Nahe Flexibler in die Lehre

aus Die SparkassenZeitung, 02.08.2002, Nr. 31, S. 9

(10) Kaufmännische Berufe wurden teilweise neu geordnet, Kölner Stadtanzeiger vom 18.09.2002
aus Die SparkassenZeitung, 02.08.2002, Nr. 31, S. 9

(11) Nuri, Midia, Ein Betrieb muss die Lehre nicht immer alleine stemmen. Von Ausbildungsverbünden profitieren alle Akteure. Stadt Frankfurt fördert die Projekte mit 250.000 Euro im Jahr, Frankfurter Rundschau vom 21.09.2002, Ausgabe Region, Seite 28
aus Die SparkassenZeitung, 02.08.2002, Nr. 31, S. 9

(12) Ein Betrieb muss die Lehre nicht immer alleine stemmen Von Ausbildungsverbünden profitieren alle Akteure / Stadt Frankfurt fördert die Projekte mit 250 000 Euro im Jahr
aus Frankfurter Rundschau v. 21.09.2002, S.28, Ausgabe: R Region

(13) Angebote passen nicht zum Profil der 4500 Interessenten - Umlandbewerber machen Hamburgern ein Drittel der Plätze streitig Mehr als 2700 Lehrstellen im Norden nicht besetzt
aus Die Welt, Jg. 52, 03.09.2002, Nr. 205, S. 37

(14) Claeßen, Daniel, Lehrlinge dringend gesucht. Die Arbeitslosigkeit steigt, doch viele Chefs in NRW finden keinen Nachwuchs. Vor allem Handwerker fürchten um ihre Betriebe, Welt am Sonntag Nr. 40 vom 06.10.2002, Seite 75
aus Die Welt, Jg. 52, 03.09.2002, Nr. 205, S. 37

Impressum

Offene Lehrstellen

Bibliografische Information der deutschen Nationalbibliothek

Die Deutsche Nationalbibliothek verzeichnet diese Publikation in der deutschen Nationalbibliografie; detaillierte bibliografische Daten sind im Internet über http://dnb.d-nb.de abrufbar.

ISBN: 978-3-7379-1004-0

© 2015 GBI-Genios Deutsche Wirtschaftsdatenbank GmbH, Freischützstraße 96, 81927 München, www.genios.de

Alle Rechte vorbehalten. Dieses Werk ist einschließlich aller seiner Teile – z.B. Texte, Tabellen und Grafiken - urheberrechtlich geschützt. Jede Verwertung außerhalb der Grenzen des Urheberrechtsgesetzes bedarf der vorherigen Zustimmung des Verlags. Dies gilt insbesondere auch für auszugsweise Nachdrucke, fotomechanische Vervielfältigungen (Fotokopie/Mikroskopie), Übersetzungen, Auswertungen durch Datenbanken oder ähnliche Einrichtungen und die Einspeicherung und Verarbeitung in elektronischen Systemen.